Après Ski

21 belles pistes de reconversion

Après ski

21 belles pistes de reconversion

Michel Roche

Préface d'Alexandre Pasteur

Éditeur : BoD-Books on Demand
12-14 rond-point des Champs-Élysées, 75008 Paris
Impression : Books on Demand, Norderstedt, Allemagne

Illustrations : Pierre Laclais

ISBN : 978-2-322254422
Dépôt légal : Octobre 2020

Quand tu es arrivé au sommet de la montagne,

continue de grimper

Proverbe tibétain

Pour mes parents,
partis tout là-haut beaucoup trop tôt

Avant-propos

Le soleil brille en ce matin de mars 2019. Progressivement, la neige va s'effacer sur le sommet des Pyrénées pour laisser la place à une très belle saison d'été. Le temps de ranger les skis arrive, non sans une pointe de nostalgie.

Mais aujourd'hui, dans la Principauté d'Andorre, ce sera encore une grande journée de ski. Depuis plusieurs jours, la station de Soldeu accueille les finales de la Coupe du monde de ski alpin. Des mois de préparation pour organiser une ultime séquence de compétition destinée aux 25 meilleurs skieuses et skieurs au monde.

Le dernier Géant hommes de la saison se joue ce matin. Ce sera aussi le dernier pour un autre géant du ski français. A presque 38 ans, Thomas Fanara va faire ses adieux au cirque blanc.

D'autres grands noms ont également choisi de raccrocher leurs skis de compétition en cette fin de saison. Lindsey Vonn et Aksel Lund Svindal l'ont annoncé juste avant les championnats du monde à Åre en Suède. Frida Hansdotter, Félix Neureuther et Matthias Hargin vont aussi franchir pour la dernière fois, ici à Soldeu, la ligne d'arrivée d'une course de Coupe du monde.

Beaucoup de souvenirs et d'émotions se croisent dans l'esprit de tous ceux qui ont la chance d'être présents dans la raquette d'arrivée.

Thomas veut finir en beauté. Il s'élance à fond dans cette première manche avec son dossard 3. Tout va bien aux premiers inters, il devance même Marcel Hirscher. Et puis, à une dizaine de portes de la ligne, la faute, la chute, l'histoire qui s'arrête...

Ultime sortie de piste pour le skieur de Praz-sur-Arly. Un silence assourdissant s'abat sur la ligne d'arrivée. De longues minutes s'écoulent avant que Thomas, qui se fait soigner pour sa blessure au visage, ne rejoigne la zone des interviews. Il arrive, son émotion est immense, à peine retenue.

L'instant est important. Je vais devoir capter les moindres détails, tous les mots qui vont s'échanger. Mais mes pensées sont ailleurs. Une question trotte dans ma tête. Que va-t-il faire après le ski ?

Une victoire et 14 podiums en Coupe du monde, c'est une très belle trace sur la neige que Thomas va nous laisser. Mais la reconversion ne doit pas être chose facile pour un athlète de haut niveau. Quitter du jour au lendemain les lumières du circuit de la Coupe du monde est assurément un exercice plus que délicat.

Comment passer à autre chose et laisser derrière soi cette adrénaline si grisante et toutes les émotions procurées par le ski ? Comment bien gérer ce nouvel épisode de sa vie ?

Toutes ces questions me donnent soudainement l'envie d'en savoir plus sur l'après ski de tous ces champions qui ont un jour décidé de mettre un terme à leur carrière.

D'avril à octobre 2019, je me suis donc élancé sur les routes des montagnes alpines pour aller à leur rencontre. Leurs noms sont emblématiques et imposent le respect. Certains ont touché du doigt l'or olympique, d'autres en revanche ont fréquenté plus rarement les podiums. Qu'importe, j'ai cette envie de tous les écouter pour qu'ils me racontent leurs belles histoires de reconversion.

Elles et ils sont aujourd'hui devenus chefs d'entreprise, conférencier, coach, spécialiste en médecine vasculaire, journaliste, pilote d'avion de ligne, entraîneur, fabricant de skis, fromagère, restaurateur, chirurgien, comédienne...

Ils ont tous un point commun : un jour, ils ont basculé dans une nouvelle vie, souvent vers l'inconnu, mais très motivés pour s'élancer tout schuss vers une reconversion à réussir.

Michel Roche

Préface

Quelle drôle de vie que la vie de skieur de haut niveau !!! Il entre dans le grand cirque blanc comme on entre en religion : avec la foi des fidèles chevillée au cœur et la passion comme unique moteur.

Ce n'est pas l'argent ni le désir de monter dans l'ascenseur social qui anime un skieur quand il décide de faire carrière. Un skieur de haut niveau vit comme un pro, s'entraîne comme un pro, passe plus de 250 jours par an loin de chez lui et des siens à jouer à saute-mouton avec les massifs.

Il s'entraîne comme un forcené depuis l'âge de dix ans, sacrifie une partie de sa jeunesse et met de plus en plus souvent la main à la poche pour aider son comité ou la fédération à financer les stages sur les glaciers ou dans l'hémisphère sud.

Mais un skieur n'a pas de statut, sauf s'il a un contrat avec les Douanes ou l'Armée de terre. Sans salaire, sans couverture sociale, il doit souvent se débrouiller seul pour démarcher des sponsors privés afin de financer ses hivers et souffre d'une exposition médiatique hélas bien faible.

Un skieur est un individu fragile, vulnérable aux blessures qui immanquablement viendront ralentir ou briser sa trajectoire. Et c'est souvent seul qu'il doit affronter l'après ski, cette « petite mort » comme disent les athlètes de haut niveau quand ils évoquent la fin de leur carrière.

Mais derrière cet écran de précarité se cache une vie souvent rêvée. Une vie faite de voyages, de rencontres, et d'aventures humaines. Le ski est aussi un sport merveilleux, un sport d'instinct et de sensations où tous les gabarits et toutes les techniques peuvent cohabiter.

En vingt-cinq ans de présence dans le milieu du ski de compétition, j'ai côtoyé à la fois des immenses champions et des talents qui n'ont jamais confirmé les espoirs placés en eux.

J'ai vu des destins se sublimer sur le tard et des stars sans lendemain. J'ai côtoyé des anonymes qui n'ont jamais su ou pu transformer leur amour de la glisse en rage de vaincre.

Je n'ai vu que des hommes et des femmes forts et fragiles à la fois, mais riches d'une expérience de vie unique et pétris de valeurs fondamentales : le respect, l'humilité, la solidarité, la loyauté.

Avant de plonger dans les chemins parfois tortueux de la reconversion chez les skieurs à travers les portraits que propose Michel Roche, me revient une phrase de Sébastien Amiez, quelques heures après sa deuxième place en slalom derrière Jean-Pierre Vidal aux JO de Salt Lake City : « *On ne va pas se prendre pour des autres !! On n'est que les champions du village !!! »*.

Alexandre Pasteur

« LORSQU'ON A ÉTÉ SKIEUR, DÉMARRER SA
RECONVERSION EN TRAVAILLANT
POUR UNE GRANDE MARQUE DE SKIS
C'EST INTÉRESSANT »

———————

MICHEL VION

Le ski français sur des sommets

And the winner is... Courchevel-Méribel. Menée par Michel Vion, Président de la Fédération française de ski (FFS), la délégation tricolore explose de joie ce jeudi 17 mai 2018 au congrès annuel de la Fédération Internationale de Ski.

Les deux stations savoyardes viennent de l'emporter face à la station autrichienne de Saalbach et vont donc organiser les championnats du monde de ski alpin en 2023.

Michel Vion peut être fier de ce succès collectif de la France du ski : « *J'ai travaillé pendant deux ans de façon acharnée, car je pense que cela peut être un catalyseur énorme pour le ski français* ».

Originaire de Pralognan la Vanoise, Michel Vion a passé dix ans de sa vie en équipe de France de ski alpin. Ses meilleures performances, il les obtient dans la discipline très complète qu'est le Combiné.

Il connait son heure de gloire le 5 février 1982 à Schladming en devenant champion du monde du combiné, après avoir disputé avec brio un slalom (en deux manches à l'époque) et une descente.

Trois ans plus tard, il signe sa seule et unique victoire en coupe du monde en s'adjugeant le combiné de Wengen au pied du Lauberhorn.

Contrairement à bon nombre de skieurs qui mettent un terme à leur carrière en fin de saison de Coupe du monde, donc au printemps, Michel Vion décide de raccrocher ses skis de compétition à l'automne 1985 ! « *Parce que j'avais fait le tour de ce métier de sportif à haut niveau* ».

Le temps de la reconversion est arrivé et elle sera plutôt rapide et bien menée. Michel Vion est très rapidement sollicité et embauché par la marque de skis Dynastar pour occuper la fonction de directeur sportif : « *Lorsqu'on a été skieur, commencer sa reconversion en travaillant pour une grande marque de skis c'est toujours intéressant* ».

Il gravit ensuite pas à pas les échelons avec différentes fonctions : directeur technique alpin, puis directeur technique national de la FFS, et ensuite à nouveau une responsabilité dans le groupe Rossignol comme directeur marketing compétition.

En 2010, Michel Vion est élu Président de la FFS, fonction dans laquelle il gère avec beaucoup d'expérience toutes les disciplines du ski français.

Son rôle consiste à s'assurer que toutes les parties sont dotées de budgets dignes de ce nom : les équipes de France bien sûr, mais aussi le sport de loisir avec tous les clubs fédéraux. L'anticipation est également au cœur de ses responsabilités, tant il est important d'essayer de prévoir ce qui va se passer dans les deux/trois prochaines années.

Le Président de la fédération joue aussi un rôle important d'influence auprès du comité olympique, de la Fédération Internationale de Ski (dont il fait partie du Conseil d'administration) et des acteurs de la montagne. Et il doit aussi créer de l'activité avec notamment la mise en place d'événements à forte visibilité permettant de développer l'image du ski français, comme par exemple les mondiaux de 2023 à Courchevel et Méribel.

Rajoutons à ce parcours que Michel Vion sera le chef de mission de la délégation française pour les Jeux olympiques de Tokyo en 2021.

De quoi apporter encore une forme de reconnaissance et d'expérience qui bénéficiera beaucoup au ski français.

5 février 1982 : une descente et un slalom couru en deux manches avec brio permettent à Michel Vion de remporter à Schladming le titre de champion du monde du combiné.

Résumé du palmarès de Michel Vion
en ski alpin

Jeux olympiques

Participation à une Olympiade
Meilleur résultat : 25e en descente à Sarajevo en
1984

Championnats du monde

Participation à 2 championnats du monde
1982 : Champion du monde du Combiné à
Schladming

Coupe du Monde

13 départs en Coupe du monde
3 podiums dont 1 victoire
1979 : 3e du combiné à Val d'Isère
1982 : 2e du Combiné à Garmisch
1985 : vainqueur du combiné à Wengen

1978 : Champion de France de Slalom Géant
1979 : Champion de France de Slalom Parallèle
1981 et 1984 : Champion de France de Descente

*« LA RECONVERSION EST UN SUJET QUI M'A
TOUJOURS BEAUCOUP OCCUPÉ L'ESPRIT.
QUAND JE RENTRAIS DU SKI,
TOUT LE MONDE TRAVAILLAIT À LA MAISON »*

———————

PERRINE PELEN

Retour aux sources

Même si elle a eu de très bons résultats en Géant, la discipline de prédilection de Perrine Pelen en ski alpin était le slalom.

Si Perrine devait nous résumer sa carrière en quelques mots, je suis certain qu'elle nous parlerait de son titre de championne du monde en slalom à Bormio en 1985. Mais aussi de ses trois médailles aux Jeux olympiques : l'argent en slalom à Sarajevo (1984) et deux fois le bronze en Géant à Lake Placid (1980) et à Sarajevo (1984).

Ce qu'elle a accompli durant toute sa carrière pour faire briller le ski français est juste énorme. Et sa reconversion est toute aussi intéressante.

Perrine met un terme à sa superbe carrière en 1986 *« J'avais l'impression d'avoir fait le tour en matière d'expériences et d'émotions ».*

Et comme il y a une longue vie à mener après le ski de compétition, la reconversion est un sujet qui a toujours beaucoup occupé l'esprit de notre championne.

Perrine est issue d'une grande famille citadine, « *la septième de huit enfants* ». Et lorsqu'elle rentrait du ski, force est de constater que dans sa famille, tout le monde travaillait.

Après un Bac passé par correspondance, elle suit des études de kinésithérapie pendant toute sa carrière sportive. Pour préparer son avenir, elle intègre ensuite l'Institut Supérieur des Affaires (devenu MBA HEC) pour se donner les meilleures chances d'ouvrir dans de bonnes conditions un nouveau chapitre de sa vie.

Sa première responsabilité professionnelle, Perrine l'exerce au Comité d'organisation des Jeux olympiques d'Albertville : d'abord dans une fonction marketing, puis à la Direction des villages olympiques.

L'événementiel a jalonné son parcours. Après cette expérience très enrichissante acquise avant et pendant ces Jeux olympiques, et à la demande de Michel Barnier, Perrine rejoint l'Agence Touristique Savoie et travaille sur l'organisation de grands événements, véritables vecteurs de la promotion et du développement du tourisme territorial. Elle participe ensuite à la création de la marque touristique Savoie Mont Blanc réunissant les départements de la Savoie et de la Haute Savoie.

Puis, elle se lance un nouveau défi, et celui-là de taille : début 2019, elle est candidate à la Direction générale du Comité d'organisation des championnats de monde de ski alpin qui se dérouleront à Courchevel et Méribel en 2023. Elle passe avec succès l'audition des candidats et est nommée à ce poste.

Perrine va désormais mettre au service de cette nouvelle organisation toute l'expertise et l'expérience qu'elle a déjà acquise dans le passé pour organiser des événements sportifs internationaux. Ainsi qu'une excellente connaissance des acteurs de la montagne et du ski, des instances sportives nationales et internationales et des collectivités territoriales directement impliquées dans l'organisation des Championnats du Monde, et des organismes de promotion touristique du territoire.

Ce nouveau virage professionnel marque pour Perrine un double retour aux sources. D'abord, celui de rendre au ski alpin et à la France du ski tout ce qu'ils lui ont apporté.

C'est aussi pour elle un retour sur un territoire de cœur. Son fauteuil de Directrice générale est en effet installé au sein de l'Alpinium au Praz, pas très loin de Brides les Bains.

Là où en 1992, elle avait démarré sa première expérience professionnelle !

Enfin l'or pour Perrine Pelen après le bronze et l'argent : elle devient championne du monde de slalom à Bormio le 9 février 1985.

Résumé du palmarès de Perrine Pelen
en ski alpin

Jeux olympiques

Participation à 2 Jeux olympiques
1980 - Lake Placid : Bronze en Géant
1984 - Sarajevo : Argent en slalom, Bronze en Géant

Championnats du monde

Participation à 3 championnats du monde
1978 – Garmisch : 4e en slalom
1982 – Schladming : Argent en combiné
1985 - Bormio : Or en slalom

Coupe du monde

122 départs en Coupe du monde
43 podiums dont 15 victoires
1977 : 1ère slaloms de Crans Montana, St Gervais, Sun Valley et Cervina
1978 : 1ère slaloms de St Gervais et Stratton Mountain
1979 : 1ère slalom de Furano
1980 : 1ère slaloms de Berchstengaden, St Gervais, Waterville Valley, Vysoke Tatry, Altenmarkt et Bormio
Vainqueure du globe de cristal slalom
1984 : 1ère slaloms Bad Gastein et Courmayeur

« JE VOULAIS INVENTER LE MÉTIER QUI CORRESPONDAIT À CE QUE JE VOULAIS VIVRE DANS LA VIE PLUTÔT QUE TROUVER CE QUE JE VOULAIS FAIRE COMME MÉTIER »

EDGAR GROSPIRON

Le bosseur sur scène

Je suis sûr que vous vous souvenez de lui. Le grand public l'a découvert en février 1992.

Le vent souffle en rafale, la neige tombe en abondance et il y a une folle ambiance à Tignes. A 22 ans, Edgar Grospiron est en finale olympique de l'épreuve de ski de bosses. Et il l'a dit quelques années plus tôt : il a l'ambition d'ouvrir la voie à son sport de prédilection.

Devant plus de vingt mille fans de ski, en France, à la maison, Edgar va réussir cet exploit retentissant : devenir le premier bosseur en or de l'histoire olympique. *« J'étais en mission et j'ai fait ce que j'avais à faire"*, confiera-t-il après la course.

Edgar Grospiron a pratiqué le ski depuis tout jeune et a choisi la discipline du ski de bosses. Parce qu'il adore cela et qu'elle l'a toujours beaucoup plus enthousiasmé que le ski alpin.

De 1988 à 1995, Edgar donne le ton dans le ski de bosses et domine de la tête et des épaules la spécialité. Il se construit un palmarès édifiant : champion olympique, 3 fois champion du monde, 4 fois vainqueur du globe de cristal de la spécialité.

En 1995, c'est encore en France à La Clusaz, qu'il connait la plus grosse émotion de sa carrière. Au terme d'une journée où il est loin d'être favori, il est sacré pour la troisième fois de sa carrière champion du monde.

La boucle est bouclée. Ce sera son dernier titre. Il décide juste après cette consécration de remiser ses spatules au placard et arrête la compétition *« J'avais fait le tour de ce sport »*.

Il se donne ensuite 5 ans avec ses sponsors pour trouver ce qu'il veut faire de sa vie après cette superbe carrière de sportif de haut niveau. Une période pendant laquelle il touche à plusieurs métiers : marketing, développement de produits, événementiel, communication, journalisme, ...

Toutes ces activités lui plaisent, mais pas au point de vouloir en choisir une pour sa reconversion. Edgar sait que son avenir devra rimer avec liberté, variété, mais aussi performance, car cette notion est très importante à ses yeux.

Dans les faits, il veut inventer le métier qui correspondra le mieux à sa future vie dans son après ski. Et c'est en poussant un peu plus loin cette réflexion qu'il met un pied dans le conseil, dans le secteur du management et de la motivation des ressources humaines.

Pendant près de 6 ans, il se forme avec des consultants et des coachs. Il anime des formations et accompagne des managers dans leurs parcours de performance.

Edgar découvre alors l'exercice de la conférence qu'il adore ! En 2008, il participe à New York à un congrès de conférenciers américains. Outre-Atlantique, cette activité est un véritable écosystème et il décide d'en faire son métier.

Avec plus de mille conférences à son actif, les interventions d'Edgar Grospiron font aujourd'hui référence. Parce qu'il y a un parallèle évident entre le monde de l'entreprise et celui du sport.

Décontracté et rempli d'humour, le style du champion olympique sur scène garantit à son auditoire un moment fort et inoubliable.

Comme à Tignes en 1992 dans la raquette d'arrivée de la finale olympique des bosses !

13 février 1992 : sous une tempête de neige et dans une ambiance de folie, Edgar Grospiron devient à Tignes le premier champion olympique de l'histoire du ski de bosses.

Résumé du palmarès d'Edgar Grospiron en ski de bosses

Jeux olympiques

Participation à 3 Jeux olympiques d'hiver
1988 - Calgary (sport en démonstration) : Bronze
1992 - Albertville : Or
1994 - Lillehamer : Bronze

Championnats du Monde

Participation à 4 championnats du monde
1989 - Oberjoch : Or
1991- Lake Placid : Or
1995 - La Clusaz : Or

Coupe du Monde

80 départs en Coupe du monde
57 podiums dont 28 victoires
Vainqueur à 4 reprises (1990, 1991, 1992 et 1994) du globe de cristal en ski de bosses

« LA RECONVERSION ÉTAIT NATURELLE POUR MOI.
J'AI TOUJOURS FAIT DU SPORT ET DES ÉTUDES
ET TROUVÉ DANS MON PARCOURS UNIVERSITAIRE
UNE FACILITÉ À APPRENDRE »

MICHAEL PRUFER

Des gestes parfaits

Nous sommes le 22 février 1992. En ce dernier jour des Jeux olympiques d'hiver d'Albertville, une foule immense se presse sur la route qui monte aux Menuires dans la Vallée des Belleville. Beaucoup sont venus voir Alberto Tomba "la Bomba », grand favori du slalom.

Et pourtant, l'histoire que je vais vous raconter n'est pas celle du slalomeur italien, mais celle d'un exploit qui s'est déroulé dans la vallée voisine.

Vêtu d'une combinaison rouge, Michaël Prüfer s'apprête à s'élancer sur une pente vertigineuse. Pour la première fois dans l'histoire des Jeux olympiques, le ski de vitesse est en démonstration aux Arcs.

La tension est palpable. Michaël sait qu'une fois lancé, il ne lui sera plus possible de s'arrêter. Quelques secondes plus tard, au bas de cette étroite bande de neige, il atteint la vitesse phénoménale de 229,299 km/h.

Record du monde et record olympique battus ! Comme une fusée rouge, Michaël Prüfer vient de décrocher l'or olympique en ski de vitesse.

Une très belle récompense pour celui qui a su faire de la préparation technologique une des clés de sa réussite : « *Pour exprimer un geste parfait, il faut avoir le matériel nécessaire* ».

Lorsqu'il arrête sa carrière au lendemain de son exploit, la reconversion n'est pas un sujet de préoccupation pour Michaël : « *J'ai toujours fait du sport et des études, et trouvé dans mon parcours universitaire une facilité à apprendre* ». Michaël est en effet médecin et déjà bien occupé quand il raccroche ses skis de vitesse !

27 ans après les Jeux olympiques d'Albertville, je l'ai retrouvé du côté de La Motte-Servolex en Savoie. Pas loin des pistes du Col du Frêne qu'il dévalait lorsqu'il était tout jeune.

Le skieur de vitesse est aujourd'hui devenu un éminent spécialiste en médecine vasculaire. Sa performance médicale se résume en une innovation désormais brevetée : le laser endo-veineux multi-introductions.

Ce dispositif permet de traiter les varices par chirurgie laser. C'est un traitement complet, esthétique qui ne laisse aucune cicatrice et qui est efficace. Il permet de reprendre son activité immédiatement car il est sans douleur et ne nécessite pas d'arrêt de travail.

Cette invention permet à Michaël de remporter en 2017 le prix du meilleur parcours de reconversion professionnelle de sportif de haut niveau de plus de 35 ans aux Trophées Sport & Management.

Michaël a pu également exercer son après ski médical au profit d'autres sportifs. Il a été entre autres le médecin de l'équipe de Formule 1 de son sponsor Rhône-Poulenc, dont faisait partie Alain Prost. Pour lui, il a développé les premiers bas de contention qui ont aussi équipé une certaine équipe de France de football, championne du monde en 1998 !

Aujourd'hui, son métier exige de lui d'exécuter des gestes parfaits, sans possibilité de s'arrêter. Des gestes qui nécessitent une préparation technique, physique, mentale, de reproductibilité, de stratégie et d'anticipation, le tout effectué dans un environnement de haute technologie.

Comme lorsqu'il glissait à une vitesse folle sur la piste des Arcs en 1992 !

Faire tomber le record du monde et le record olympique de vitesse sur skis le même jour n'est pas chose commune ! C'est l'exploit réalisé sur la piste des Arcs par Michaël Prüfer le 22 février 1992.

Résumé du palmarès de Michaël Prüfer en ski de vitesse

Jeux Olympiques

1992 - Albertville : Or et record olympique de vitesse à ski

Coupe du Monde

1987, 1988, 1990 et 1991 : 4 fois vainqueur du classement général ski de vitesse
1989 : 2e du classement général

Records du Monde de vitesse à ski

1987 : Portillo, Chili - 217,680 km/h
1988 : Les Arcs, France - 223,741 km/h
1992 : Les Arcs, France - 229,299km/h

« C'EST IMPORTANT DE DÉCIDER SOI-MÊME
DE L'INSTANT OÙ ON S'ARRÊTE.
ET DE NE PAS LE SUBIR SI POSSIBLE
À CAUSE DE BLESSURES OU DE
MAUVAISES PERFORMANCES ! »

FLORENCE MASNADA

Passionnée et passionnante

Vous vous souvenez sans doute du slogan de cette grande radio nationale *« Écoutez la différence »*. Et bien c'est ce que je ressens chaque fois que j'écoute Florence Masnada commenter sur Eurosport une course de ski alpin !

C'est beaucoup plus que le ski commenté, c'est le ski décrypté et expliqué, le tout avec une voix très enthousiaste, passionnée et très écoutée dans les médias. Il est vrai qu'avant de prendre le micro, Florence est montée sur ses skis pour toucher avec une certaine réussite à tous les virages. Car pour elle, *« le ski c'est toutes les disciplines, du slalom à la vitesse »*.

« Flo » est aujourd'hui la seule skieuse française à avoir remporté le globe de cristal en combiné alpin.

Elle a participé à 3 campagnes olympiques et en a rapporté deux très belles médailles de bronze. La première, à Albertville sur la piste du combiné de Méribel. La deuxième, à Nagano en descente dans la discipline reine du ski alpin en prenant place sur le podium aux côtés de deux immenses championnes, Katja Zeizinger et Pernilla Wiberg.

Pendant toute sa carrière, Flo n'a cessé de faire des études pour apprendre et progresser, en utilisant notamment les périodes où les blessures l'empêchaient de chausser les skis. Pour elle, il s'agissait d'un véritable équilibre dans sa vie que de découvrir d'autres milieux pour trouver la voie à tracer après sa carrière de sportive de haut niveau.

De mon entretien avec elle sur le thème de la reconversion, j'ai retenu cette importante recommandation : *« C'est important de décider soi-même du moment où on s'arrête. Et de ne pas le subir à cause de blessures »*.

Ce choix de mettre un terme à sa carrière, elle le fait en 1999 après sa médaille de bronze en combiné aux championnats du monde de Vail.

Elle se lance alors dans l'obtention d'un MBA à l'Ecole Supérieure de Commerce (devenue EM) de

Lyon, étape préliminaire indispensable avant d'entamer sa nouvelle vie professionnelle. Sa grande expérience de skieuse de haut niveau et de communicante lui a été ensuite très utile pour bâtir une reconversion organisée autour d'une multitude d'activités qui la passionne.

Consultante pour Eurosport, elle commente avec brio les courses de ski alpin pendant la saison hivernale. Toujours dans le ski, elle soutient l'association *Réseau Ski Partenaire* qui accompagne de jeunes skieurs pour les aider à obtenir des bourses. Et chaque fois qu'elle le peut, Florence rechausse ses skis Atomic, marque dont elle est ambassadrice. Elle collabore également avec le Comité olympique pour les Jeux d'hiver et d'été en contribuant aux relations presse des athlètes médaillés.

Grâce à son dynamisme naturel et à un optimisme débordant, elle réalise aussi des animations et des conférences en entreprise.

Florence est engagée depuis 20 ans avec l'association *Etoiles des neiges* qui s'occupe des enfants atteints de mucoviscidose avec l'organisation de stages sportifs à la montagne ou à la mer.

Florence est également très sensible aux thèmes liés à l'écologie. Son engagement avec l'association *Du flocon à la vague*, qui milite pour la préservation des ressources en eau, en est la plus belle des illustrations !

13 février 1992 : moment inoubliable pour Florence Masnada qui s'élance à Méribel pour aller conquérir sa première médaille olympique (le Bronze) dans la discipline du combiné.

Résumé du palmarès de Florence Masnada en ski alpin

Jeux olympiques

Participation à 3 Jeux olympiques d'hiver
1992 – Albertville : Bronze en combiné
1998 - Nagano : Bronze en descente

Championnats du monde

Participation à 4 championnats du monde
1999 – Vail : Bronze en combiné

Coupe du monde

140 départs en Coupe du monde
8 podiums dont 1 victoire
1990 : 3e Géant Stranda et 2e combiné Morzine
1991 : 3e combiné Bad Kleinkirchheim et globe de cristal en combiné
1994 : 2e descente Lake Louise
1995 : vainqueure du Super-G Garmisch et 3e Super-G Bormio
1998 : 3e descente Cortina d'Ampezzo et 3e descente Are

« ETRE 34ᵉ MONDIAL À 32 ANS N'EST PLUS SUFFISANT POUR POURSUIVRE DANS UN GROUPE NATIONAL. MA BLESSURE DANS L'ÉTÉ QUI A SUIVI A ÉTÉ LE SIGNAL D'ALARME POUR MA FIN DE CARRIÈRE »

————————————————

CHRISTOPHE SAIONI

Skieur un jour, skieur toujours

Nous sommes au Centre National du Ski et du Snowboard à Albertville. En ce mois de juin 2019, Christophe Saioni supervise un bloc de préparation physique du Groupe Coupe du Monde de vitesse. Car son après ski, Christophe l'a construit au sein de l'équipe de France de ski alpin.

Avant cela, il a fait partie pendant 14 ans de l'équipe de France avec comme discipline de prédilection, le Géant. Son palmarès compte plusieurs titres de champions de France en Géant, en Super-G et en descente. Et aussi trois ruptures des ligaments croisés !

Mais l'année 1996 figure sans nul doute au sommet du podium de ses souvenirs personnels. En mars, il termine 3e du Géant de Kvitfjell en Norvège, le seul podium en Coupe du monde de sa carrière. Durant cette même année, il est le meilleur géantiste français et termine 8e du classement de la spécialité. Mais hélas il connait une grosse désillusion aux Championnats du monde en Sierra Nevada en Espagne - « *J'étais en route vers une médaille et malheureusement je suis tombé* » se souvient Christophe avec son accent du Sud.

Au fil des saisons, les résultats de Christophe ne sont plus suffisants pour qu'il figure dans l'équipe nationale. Il s'entraîne alors seul pour essayer de performer la saison suivante, mais durant l'été c'est une blessure qui le contraint de mettre la flèche et d'arrêter sa carrière de sportif de haut niveau.

Les dirigeants et entraîneurs de l'époque lui proposent alors d'intégrer la Fédération Française de Ski, ce qu'il fait dans la foulée.

A l'automne 2003, Christophe devient l'entraîneur Coupe d'Europe hommes pour une première saison. Il va ainsi pouvoir apporter son expérience de skieur alpin aux équipes de France.

Avec un certain succès ! Il entraîne les dames de l'équipe de France pendant 5 ans à l'époque de Marie Marchand Arvier, Ingrid Jacquemot, Marion Rolland...

Il voit ensuite passer dans son Groupe Coupe d'Europe de jeunes skieurs comme Johan Clarey et Adrien Théaux, devenus ensuite les locomotives du groupe Coupe du monde de vitesse.

Durant la saison 2018/2019, il contribue brillamment aux belles performances du groupe, permettant notamment à deux jeunes, Victor Schuller et Roy Piccard, de se hisser en Coupe du Monde.

Puis au début de l'été 2019, le coach azuréen, qui a réalisé un excellent travail avec le Groupe Coupe d'Europe, est appelé pour remplacer Jeff Piccard et entraîné le Groupe Coupe du Monde de vitesse.

De gros défis l'attendent sous la responsabilité de Xavier Fournier - « *C'est un gros challenge avec les Mondiaux à Cortina en 2021, les Jeux Olympiques de Pékin en 2022 et les championnats du monde en 2023 à Courchevel et Méribel* ».

La réussite des bleus du ski sur ces grands événements passe avant tout par des médailles. Soyons certains que Christophe va tout faire pour y arriver, car le coach azuréen aime par-dessus tout retirer du plaisir du résultat des autres.

De quoi le rendre optimiste comme sur notre photo (page 108), pouce levé devant ce poster et cette trajectoire parfaite de Johan Clarey dans le Finish de la Streif à Kitzbühel.

La discipline de prédilection de Christophe Saioni était
le Géant et 1996 sa meilleure année. Il signe son seul
podium en Coupe du monde à *Kvitfjell* et termine à une
très belle 8ᵉ place au classement général de la spécialité.

Résumé du palmarès de Christophe Saioni en ski alpin

Jeux olympiques

Participation à 2 Jeux olympiques d'hiver :
Nagano (1998) et Salt Lake City (2002)
Meilleure performance : 13e du Géant de Nagano

Championnats du monde

Participation à 5 championnats du monde
Meilleure performance : 12e au Super-G de San
Anton am Arlberg en 2001

Coupe du Monde

89 départs en Coupe du Monde
1 podium en 1996 : 3e du Géant à Kvitfjell

1996 : Champion de France slalom Géant
1999 : Champion de France Descente et Super-G

« ARRÊTER C'ÉTAIT MA DÉCISION. QUAND J'AI REGARDÉ MES COPAINS À LA TÉLÉ, CELA NE M'A JAMAIS RIEN FAIT. C'ÉTAIT DONC UNE BONNE DÉCISION ET LE BON MOMENT POUR ARRÊTER »

———————

CORINNE NIOGRET

Sous le soleil du midi

Il était une fois Corinne Niogret. Originaire du département de l'Ain, elle a chaussé les skis de fond dès l'âge de 4 ans. Elle s'est élancée dans sa première compétition à 10 ans et a intégré l'équipe de France B de biathlon à 16 ans.

En 1992, la France, plus particulièrement la Savoie, accueille les Jeux olympiques d'hiver à Albertville. Au matin du 14 février, cela fait trois mois qu'avec ses copines Anne Briand et Véronique Claudel, elle sillonne le plateau des Saisies avec ses skis de fond aux pieds et sa carabine de tir sur le dos. Trois mois de préparation avant d'arriver à cet instant, à ce moment qui peut faire basculer sa vie d'athlète.

C'est le grand jour du relais. Pour la première fois, le biathlon féminin devient une épreuve officielle inscrite au programme des Jeux olympiques. Ces trois jeunes filles, personne ne les connait ou presque, personne ne les attend. Et pourtant, elles vont offrir à la France l'inimaginable et transforme ce relais en or.

Le rêve de Corinne est devenu réalité : être sur la plus haute marche d'un podium olympique à 19 ans ! Après ces Jeux olympiques fondateurs, elle a construit, avec une régularité incroyable dans ses performances, un palmarès exceptionnel qui a fait d'elle une très grande championne de biathlon.

Au chapitre des émotions, on peut inscrire son titre de championne du monde du 15 kms dans le temple du ski nordique à Oslo, là où entendre résonner la Marseillaise est un moment inoubliable. Ainsi que les championnats du monde de 1995 à Antholz-Anterselva en Italie d'où toute l'équipe de France est revenue avec une médaille !

Dans la dernière partie de sa carrière, les saisons 2003 et 2004 furent difficiles et Corinne a peiné à retrouver sa forme de championne à la suite d'ennuis de santé.

En 2005, à 28 ans, elle décide de ranger sa carabine et met un stop sur sa carrière d'athlète de haut niveau. « *Je n'avais pas spécialement préparé ma reconversion* », précise Corinne. Elle s'élance alors dans quelques courses en ski de fond avec le

Team Rossignol sur de grandes distances, et remporte, au passage, la Trans Jurassienne. Puis la Fédération Française de Ski la recrute pour gérer l'organisation et la promotion de courses comme le Biathlon Summer Tour ou encore la Nordic Challenge. Avant qu'elle ne soit nommée comme entraîneur des équipes de France jeunes et juniors Dames en ski de fond.

Après quinze années passées sur la neige et sur les skis, et en raison d'une certaine lassitude physique et mentale, Corinne décide de changer d'univers. Elle quitte les rigueurs du climat du Doubs pour aller s'installer dans le sud de la France, près de Nîmes.

Son métier d'aujourd'hui est très éloigné du sport de haut niveau d'hier. Corinne travaille pour la société agroalimentaire japonaise, Sakata Vegetables Europe. Elle est assistante de gestion de données des systèmes informatiques de cette société qui concentre ses activités sur la production et la distribution de semences potagères en Europe, au Moyen-Orient et en Afrique.

De quoi bien occuper ses journées sous le chaud soleil en or du midi !

14 février 1992 : le rêve de Corinne Niogret devient réalité. A 19 ans, elle remporte aux Saisies le relais féminin du biathlon des Jeux olympiques d'Albertville.

Résumé du palmarès de Corinne Niogret en biathlon

Jeux olympiques

1992 – Albertville : Or en Relais
1994 – Lillehamer : Bronze en relais

Championnats du monde

Un total de 15 médailles
1993 : Or en Equipe, Argent en Relais
1994 : Bronze par Equipe
1995 : Or en Individuel, Argent en Relais, Bronze en Sprint, Bronze par Equipe
1996 : Argent en Relais, Bronze par Equipe
1998 : Argent en Poursuite
1999 : Argent en Individuel, Bronze en Relais
2000 : Or en Individuel, Bronze en MassStart
2001 : Argent en Poursuite

Coupe du Monde

37 podiums dont 8 victoires
1998 : 3e des classements Poursuite et Sprint
2000 : 3e du classement général, 2e des classements Poursuite et Individuel
2001 : 2e du classement général

*« CE N'EST PAS SIMPLE DE PRENDRE
LA DÉCISION D'ARRÊTER.
JE N'ÉTAIS PAS PRÉPARÉ POUR OUBLIER MES SKIS.
J'AI ESSAYÉ DE GÉRER CE MOMENT
DU MIEUX POSSIBLE »*

SEBASTIEN AMIEZ

Un surnom en ski, un nom pour la vie

Jeux olympiques de Salt Lake City, 23 février 2002. Bastoune (Sébastien Amiez) est soucieux dans la raquette d'arrivée du slalom. Il vient de terminer sa première manche et il n'est que 7e provisoire. Et il y a encore beaucoup de monde en haut.

Mais au fur et à mesure des passages, il reprend espoir et se classe finalement 9e de ce premier run. Bastoune tente alors un coup de poker : il demande à son technicien de lui préparer des skis neufs pour la seconde manche. Incroyable choix ! Et lorsqu'il fait la Reco il constate : « *Ce tracé me convient parfaitement, cette manche elle est pour moi* ».

La suite on la connaît : sur une piste cassée, il signe une manche agressive et très engagée, une manche de costaud avec un ski intelligent. Bastoune franchit la ligne largement en tête avec 63 centièmes d'avance sur Kilian Albrecht. S'en suit une incroyable remontada ponctuée de moments surréalistes qui verra craquer les meilleurs slalomeurs au monde.

Personne n'arrive à déloger le Pralognanais jusqu'à... Jean-Pierre Vidal. C'est le doublé magique et historique de Salt Lake City en bleu, blanc et rouge.

J'en ai encore des frissons. Ce second run de slalom reste un moment de folie, un moment d'anthologie dans l'histoire du ski alpin français.

18 ans après, j'ai rencontré Bastoune chez lui à Pralognan. Pour qu'il me raconte cette course, son globe de Cristal en slalom remporté in extrêmis face à la légende Alberto Tomba, sa carrière et ... sa reconversion.

C'est en avril 2007 que Bastoune décide de mettre un terme à sa magnifique carrière sportive. Il n'est pas du tout préparé pour oublier de sitôt ses skis et les très nombreuses séances de préparation physique.

Mais sa vie de sportif de haut niveau lui a ouvert des portes : « *Mon premier passeport, c'est le nom Amiez Sébastien* ».

Sébastien réussit progressivement à gommer sa vie d'athlète de haut niveau pour écrire le second chapitre de sa vie dans laquelle il partage désormais son temps entre plusieurs activités.

Depuis 2009, il est consultant sportif sur RMC Sport et commente les compétitions en France et à l'international, notamment les grands événements comme les Jeux olympiques et les championnats du monde. Ses éditos sont toujours passionnants à écouter pour mieux comprendre cet univers si particulier qu'est le circuit Coupe du monde.

Sébastien est également Ambassadeur pour le groupe immobilier Terrésens, spécialisé dans le montage et l'ingénierie de résidences avec services. Il chapeaute aussi le Plan National jeune de la Fédération Française de Ski dont le Groupe Terrésens est le principal partenaire. Une très belle initiative pour aider les espoirs du ski français.

Enfin, et c'est très important à ses yeux, Sébastien est commerçant dans sa station de cœur de Pralognan dont il est aussi l'Ambassadeur.

Que de chemin parcouru par Bastoune depuis ce jour de février 1992 où à 19 ans il a ouvert le slalom des Jeux olympiques d'Albertville !

23 février 2002 : une incroyable remontada dans la deuxième manche du slalom des Jeux olympiques de Salt Lake City permet à Sébastien Amiez de conquérir une superbe médaille d'argent, juste derrière la médaille d'Or de Jean-Pierre Vidal.

Résumé du palmarès de Sébastien Amiez en ski alpin

Jeux olympiques

Participation à 3 Jeux olympiques d'hiver
2002 – Salt Lake City : Argent

Championnats du monde

Participation à 6 championnats du monde
1997 : Vice champion du monde de slalom à Sestrière

Coupe du Monde

123 départs en Coupe du Monde
10 podiums dont une victoire
Vainqueur du globe de cristal slalom en 1996
1995 : 2e slalom Vail/Beaver Creek et 2e Slalom Kranjska Gora et 2e slalom Kvitfjell/Hafjell
1996 : Victoire slalom Veyzonnaz, 3e slalom Madonna di Campiglio
1997 : 2e Slalom Kranjska Gora et 3e slaloms de Wengen et Schladming
1998 : 2e slalom Aspen
2001 : 3e slalom Åre

« JE N'AVAIS RIEN PRÉVU.
CELA N'A PAS ÉTÉ FACILE DE TOURNER LA PAGE.
J'AI EU L'IMPRESSION DE SAUTER DANS LE VIDE »

ANTOINE DENERIAZ

Des skis « Made in Savoie »

De sa jeunesse au ski club de Morillon, Antoine Dénériaz garde des souvenirs fantastiques « *Le ski, c'était avant tout un plaisir, une passion, notre terrain de jeu* ».

A force de travail et d'entraînement, Antoine franchit tous les échelons qui le mènent vers le haut niveau. Car son rêve de gosse, c'est devenir descendeur et faire partie de l'équipe de France. De cette période, il lui reste de nombreux souvenirs inoubliables, notamment ses deux victoires à Val Gardena en Italie. Sur la Saslong, Antoine se souvient de sensations de folie : « *J'avais l'impression de voler. Même en descendant sur la tête, je pouvais gagner* ».

En 2006, place aux Jeux olympiques de Turin. Blessé un an plus tôt à Chamonix, Antoine affiche depuis son lit d'hôpital son ambition : « *Je serai champion olympique à Turin ! »*.

Et il va le faire ! Sur la descente olympique, la Banchetta à Sestrières, Antoine devient un très grand du ski alpin. Il repousse tous ses rivaux descendeurs très loin : Michael Walchhofer, 2e, est à 72 centièmes, les autres à plus d'une seconde !

La médaille d'or, la Marseillaise : ces instants magiques, Antoine ne les oubliera jamais : « *Ils me donnent encore des frissons quand j'y pense »*.

Trois semaines après les Jeux olympiques, Antoine chute très lourdement à Åre en Suède et se fait très peur. Pendant un an et demi, il essaye de revenir au meilleur niveau sans y parvenir.

Début décembre 2007, à la fin du premier entraînement à Beaver Creek, il se confie à Johan Clarey avant d'annoncer à ses coachs qu'il met fin à sa carrière. Une décision prise quasiment du jour au lendemain, car tout devenait difficile pour Antoine « *La descente n'était plus un jeu »*.

Sa reconversion s'annonce compliquée car Antoine n'a rien prévu « *Cela n'a pas été facile de tourner la page. J'ai eu l'impression de sauter dans le vide »*. Il travaille alors dans plusieurs activités, comme notamment la candidature d'Annecy aux Jeux Olympiques de 2018. Il reprend aussi ses études et obtient brillamment un Master de Marketing à l'ESSEC.

On l'écoute commenter le ski alpin à la télévision sur les championnats du monde ou les Jeux olympiques. Il est également l'ambassadeur de la marque de textile Fusalp.

Puis, très vite, Antoine devient chef d'entreprise et crée sa propre marque d'accessoires de ski, de casques et de masques. Il rachète ensuite l'atelier de ski d'Alain Zanco à Albertville pour y développer sa propre marque de ski.

Antoine fabrique aujourd'hui de très beaux skis, destinés à une clientèle exigeante. Ces skis sont confectionnés à la main, en petite série (20 à 30 paires par mois), à partir de matériaux finement sélectionnés comme le balsa, le noyer, le frêne ou le bambou.

En vitrine sur internet (www.deneriaz-ski.com), ses skis sont également en vente dans les magasins de sport de grandes stations de sports d'hiver comme Val d'Isère, Courchevel, St Moritz et aussi dans de grandes villes comme Milan ou Paris...

Sa marque s'exporte aux Etats-Unis, en Asie, en Suisse, en Italie, en Autriche : « *C'est un super challenge, c'est passionnant et je me régale* ».

Comme sur la Banchetta à Sestrières ce jour de février 2006 où Antoine avait régalé le ski français.

12 février 2006 : sur la Banchetta à Sestrières, Antoine Dénériaz est intouchable. Champion olympique de descente, médaille d'Or et Marseillaise : Antoine vient d'entrer dans la cour des très grands du ski alpin.

Résumé du palmarès d'Antoine Dénériaz en ski alpin

Jeux Olympiques

Participation à 2 Jeux olympiques d'hiver
2006 - Turin : Or en descente

Championnats du Monde

Participation à 3 championnats du monde
Meilleure performance : 8e en descente à St Moritz (2003)

Coupe du Monde

141 départs en Coupe du Monde
6 podiums dont 3 victoires
2002 - Val Gardena : 1er en descente
2003 - Val Gardena et Kvitfjell : 1er en descente ; Lake Louise : 3e en descente
2004 – Lake Louise : 2e en descente ; Kvitfjell : 3e en descente

« POUR MOI ARRÊTER A ÉTÉ UNE DÉLIVRANCE.
J'AI BIEN PROFITÉ DE MON PREMIER ÉTÉ
SANS ENTRAÎNEMENT, SANS STAGE DE SKI »

_____

FLORINE DE LEYMARIE

Chez Pépé Gust

Nichée à 1400 m d'altitude au cœur du Parc National de la Vanoise, Pralognan la Vanoise est une jolie station savoyarde réputée pour le ski et l'alpinisme. C'est aussi un de mes endroits préférés pour la randonnée.

Pralognan a offert à la France du ski alpin de nombreux champions : Michel Vion, l'actuel Président de la Fédération Française de ski, la famille de Leymarie avec Christine (la mère) et Florine (la fille) et bien entendu Sébastien Amiez.

De 2002 à 2009, Florine de Leymarie était en équipe de France pour y pratiquer le slalom : *« En habitant Pralognan, c'est assez logique vu qu'on a un stade très raide »*.

Florine de Leymarie a marqué ses premiers points en Coupe du monde pendant la saison 2002/2003. Poursuivant sa progression, elle s'est qualifiée quelques années plus tard pour participer à trois compétitions majeures : les championnats du monde en 2005 à Bormio en Italie, les Jeux olympiques de Turin en 2006, et les championnats du monde en 2007 à Åre en Suède.

Elle compte à son actif 52 départs en Coupe du Monde, tous en slalom, et s'est classée 4 fois dans le Top 10. Sa meilleure performance reste son slalom à Aspen en 2004. Ce jour-là, avec son dossard 42, elle a eu le déclic et a titillé le podium en s'offrant une très belle 4e place.

Enfin, elle a participé à cette merveilleuse aventure olympique en 2006 à Turin « *Une grosse course, pour moi la plus belle de ma carrière* ».

La saison 2008/2009 fut difficile, Florine ne parvenant pas à être sélectionnée pour les mondiaux de Val d'Isère.

En 2009, en plein mois de décembre, Florine ressent un profond ras-le-bol et décide de quitter les piquets des slaloms de Coupe du monde pour rejoindre la vraie vie.

Le mois suivant, Florine l'a passé à ne rien faire avant de rechausser ses skis et mettre son pull rouge de monitrice pour enseigner à l'ESF de Courchevel 1850 : « *Je me suis éclatée, j'ai adoré faire cela* ». Florine a slalomé ensuite entre les petits boulots trouvés en Savoie.

Qu'est devenue Florine plus de dix ans plus tard ? Je l'ai rencontrée confortablement installée sur sa terrasse à Pralognan. Elle y a construit une reconversion équilibrée autour de deux activités : monitrice de ski l'hiver à Courchevel et restauratrice Chez Pépé Gust l'été.

Pépé Gust ? Avec son mari, elle a acheté un restaurant en plein centre de Pralognan et c'est le nom qu'ils ont choisi en mémoire de l'arrière grand-père de Florine. Pour sa part, Florine s'est occupée de la décoration « *On a voulu changer les codes, c'est vieux mais pas trop, c'est montagne mais pas trop* ».

Aux cuisines de ce restaurant familial, on trouve Axel Amiez, son cousin. Si vous passez par Pralognan un jour, et si vous raffolez de burgers, n'hésitez pas à aller vous installer en terrasse chez Pépé Gust.

Et pas loin du bar, à l'étage et très bien encadré, s'affiche son magnifique dossard 23, souvenir de ce 22 février 2006 où Florine s'est élancée dans le plus beau slalom de sa vie.

Celui des Jeux olympiques de Turin.

28 novembre 2004 : avec un dossard élevé, Florine de Leymarie vient titiller le podium du slalom d'Aspen en s'offrant la 4e place et la meilleure performance de sa carrière.

Résumé du palmarès de Florine de Leymarie en ski alpin

Jeux olympiques

Participation à une olympiade
2006 – Turin : 11e en slalom

Championnats du monde

Participation à 2 championnats du monde
Meilleure performance en 2005 : 15e du slalom à Santa Caterina

Coupe du Monde

52 départs en Coupe du Monde
Meilleure performance en 2008 : 4e du slalom à Aspen

« ARRÊTER MA CARRIÈRE A ÉTÉ UN MOMENT
ASSEZ DIFFICILE DANS MA VIE.
MAIS FINALEMENT CELA M'A DONNÉ UNE FORME
D'ÉNERGIE POUR CONSTRUIRE AUTRE CHOSE »

———————————

PIERRE PAQUIN

Un air nouveau sur le Fitness

Au moment où j'écris ces quelques lignes, la France en est à son vingtième jour de confinement. De nombreux Français profitent de l'heure autorisée pour pratiquer chaque fois qu'ils en ressentent la nécessité une activité physique.

En voyant un jogger me dépasser, je me souviens de ma rencontre avec Pierre Paquin. Le soleil brillait aux abords du Parc des Princes à Paris, au cœur des installations sportives du Stade français.

Lorsque Pierre arrive à notre rendez-vous d'un pas décidé pour me parler de sa reconversion, je repense au jeune descendeur venu défier fin janvier 2008 la Streif à Kitzbuhel. Dans un jour blanc, il en fallait du courage au skieur de Val d'Isère pour s'élancer sur cette descente à la fois mythique et terrifiante.

Me revient aussi en mémoire la confiance qu'il affichait au départ du slalom du Super combiné des mondiaux à Åre en 2007. Le podium était si proche après une si belle manche en descente... mais hélas sa disqualification en slalom brisa ce rêve de podium et de médaille !

Après 2 titres de champion de France et également une victoire au challenge des moniteurs, c'est en 2009 que Pierre décide de raccrocher ses skis. C'était l'année des championnats du monde à Val d'Isère et pour lui une saison noire. *« Certains arrêtent leur carrière au sommet, d'autres prévoient cela très en amont. Moi, j'ai arrêté à l'issue d'une saison qui m'a beaucoup touché »*.

Sa fin de carrière eut comme un goût d'inachevé. Pierre a quitté les Alpes pour rejoindre Paris afin d'y côtoyer un autre environnement et d'autres personnes. Et pour oublier les moments difficiles qu'il venait de vivre !

Il en a profité pour suivre des études et obtenir un Master en journalisme sportif. Ce qui lui a offert la possibilité avec ses commentaires sur Eurosport de transmettre sa passion pour ce sport magnifique qu'est le ski.

L'univers du sport l'a d'ailleurs guidé vers sa reconversion. Lorsqu'il pratique la course à pied, Pierre observe en effet que beaucoup de Parisiens se trouvent particulièrement démunis pour faire des exercices physiques en complément de leur course à pied.

Pierre imagine alors un espace sur lequel on pourra réaliser tous ces exercices (abdos, étirement, renforcement musculaire, ...) de façon autonome.

AirFit est né et Pierre devient l'heureux fondateur de cette startup qui propose des aires de Fitness en accès libre et en plein air. Ces véritables plateaux sportifs sont connectés à une application de coaching qui permet de guider les sportifs dans l'utilisation des équipements mis à disposition.

En 2018, Pierre est le lauréat du Trophée Sport et Management consacrant la meilleure reconversion d'un sportif de haut niveau de plus de 35 ans.

Depuis quelques années, Pierre et son équipe remportent beaucoup de succès avec ce concept. En France, plus de 200 collectivités locales ont fait le choix d'AirFit qui, dans le même temps, s'est exporté en Argentine, en Belgique, en Espagne.

Nul doute qu'avec tous ces succès, Pierre va encore amplifier dans les prochaines années cet air nouveau qui souffle sur le fitness.

8 février 2007 : aux championnats du monde de ski alpin qui se déroulent en Suède à Åre, Pierre Paquin réalise un excellent run en descente dans le super combiné avant la manche de slalom où il sera malheureusement disqualifié.

Résumé du palmarès de Pierre Paquin en ski alpin

Championnats du monde

Participation à un championnat du monde

Coupe du monde

37 départs en Coupe du monde
3 Top 15
2007 : 12e slalom Alta Badia
2008 : 11e combiné Kitzbühel et 14e Super Combiné Chamonix

2007 : Champion de France en descente et en Super Combiné
2008 : Champion de France en Super Combiné et en slalom indoor

« ARRÊTER SUR UNE BLESSURE, CE N'EST PAS
LA MEILLEURE CHOSE QUI SOIT. ON NE DÉCIDE PAS
DE CE MOMENT, JE L'AI PLUTÔT BIEN VÉCU »

PIERRICK BOURGEAT

Diététique à volonté

Quand Pierrick Bourgeat était membre de l'équipe de France, sa spécialité en ski alpin c'était le slalom et le combiné sur le tard.

Quand en 1998, il remporte sa première victoire en coupe du monde à Park City aux États-Unis, tous ses fans sourient.

Quand en 2001 à Shiga Kogen au Japon, Pierrick gagne coup sur coup les deux slaloms du week-end, le ski français applaudit très fort.

Quand en 2002, il est par terre en seconde manche du slalom des Jeux olympiques de Salt Lake City alors que ses deux copains Jean-Pierre Vidal et Sébastien Amiez sont debout en or et en argent sur le podium, on est plus que triste pour lui.

Et quand il se blesse sérieusement après 124 départs en Coupe du monde, on a mal pour lui car on aurait préféré que sa fin de carrière soit plus souriante.

Pierrick a fréquenté les rangs de l'équipe de France de ski de 1996 à 2009. « *J'ai eu une belle carrière, avec 3 victoires en Coupe du monde. J'ai fait partie du top15 mondial en slalom pendant une dizaine d'années* ».

Sa fin de carrière est marquée par une blessure sévère qui le frappe en octobre 2009 à l'entrée de la saison qui doit le mener aux Jeux olympiques de Vancouver. « *C'était la blessure de trop* » précise le skieur dauphinois qui prend très vite la décision de mettre un terme à sa carrière.

Quand 10 ans plus tard, je rencontre Pierrick à Saint Egrève près de Grenoble, il me raconte son après ski avec sourire.

Tout est parti d'une rencontre avec un autre sportif de haut niveau, son copain rugbyman Jonathan Wisniewski. Comme la diététique et le plaisir de bien manger ont toujours eu une place importante dans leurs carrières respectives, Pierrick et Jonathan se sont orientés vers la restauration.

En partenariat avec son copain, Pierrick lance un restaurant pilote, la Salad'Rit (www.lasaladrit.fr), installée sur une zone commerciale dynamique à Saint Egrève près de Grenoble.

Le concept proposé aux nombreux clients qui se pressent sur cet espace de 400 m2 conjugue plaisir, simplicité et fraicheur autour d'un principe de grands buffets à volonté.

La carte est simple et variée grâce à un large choix de produits. Elle est également créative pour que chacun puisse choisir ses ingrédients selon ses envies et accessible pour tous grâce à des tarifs raisonnables.

Après Saint Egrève, un autre restaurant est programmé à Lyon au cœur du Groupama Stadium. Et sans doute, d'autres verront le jour à l'avenir comme l'indique Pierrick « *Notre objectif, c'est de grandir et de devenir une franchise"*.

Afin que de plus en plus d'amoureux de la diététique puissent se retrouver le temps d'un déjeuner, dans la fraicheur et la bonne humeur !

Pierrick Bourgeat a fait partie du gotha des slalomeurs mondiaux ce qui lui a valu de monter 9 fois sur un podium de Coupe du monde. Comme le 7 janvier 1999 avec une magnifique seconde place à Schladming, la Mecque du slalom.

Résumé du palmarès de Pierrick Bourgeat en ski alpin

Jeux olympiques

Participation à 3 Jeux olympiques d'hiver
Meilleure performance : 8e en Combiné à
Sestrières en 2006

Championnats du Monde

Participation à 6 championnats du monde
Médaille de bronze de l'épreuve par équipes en
2005 à Bormio
Meilleure performance : 4e en Combiné à
St Moritz en 2003

Coupe du Monde

124 départs en Coupe du Monde
9 podiums dont 3 victoires
1998 : vainqueur slalom à Park City ; 2e slalom à
Kranjska Gora
1999 : 2e slalom à Schladming
2000 : 3e slalom Sestrières
2001 : deux victoires en slalom à Shigakogen
2002 : 2e slalom à Park City

« *LE SKI C'EST BIEN, MAIS LA VIE EST LONGUE.*
IL M'A FALLU SORTIR DE CE COCON
OÙ ON EST TRÈS ENTOURÉ
POUR RENTRER DANS LA VRAIE VIE »

PIERRE-EMMANUEL DALCIN

Le Critérium à Val Cenis

Rassurez-vous, le titre de ce chapitre n'est pas une erreur. Ce Critérium, ce n'est pas celui de la première Neige qui se déroule chaque année de l'autre côté de la montagne à Val d'Isère.

Je suis à Val Cenis en Haute-Maurienne pour rencontrer Pierre-Emmanuel Dalcin. « Pierrot » fait partie de ces skieurs qui imposent le respect.

Tout d'abord parce qu'il a été souvent dans le portillon de départ de ces descentes mythiques et parfois effrayantes du circuit blanc : la Streif à Kitzbuhel, le Lauberhorn à Wengen, la Birds of Prey à Beaver Creek, et beaucoup d'autres...

Respect aussi parce qu'à mes yeux Pierre-Emmanuel est le champion olympique de Super-G sur la piste de Sestrières en 2006 ! En tête après

17 dossards, la course est arrêtée par les organisateurs en raison des conditions météo alors que l'Or lui était promis. Terriblement frustrant et décevant !

Respect enfin parce Pierre-Emmanuel a su trouver les ressources pour rebondir, ce jour de « Grand bleu sur la neige », comme l'a titré le journal l'Equipe en janvier 2007. En descente à Val d'Isère, la piste Oreiller Killy lui a enfin dit OK pour une formidable première victoire en Coupe du monde.

C'est à l'âge de 19 ans, aux championnats du monde junior en Suisse, que Pierre-Emmanuel s'est découvert des talents de skieur de vitesse. Il a ouvert sa carrière de descendeur en Coupe du monde sur la mythique Streif à Kitzbuhel. Son premier podium, Pierre-Emmanuel l'a réussi en 2004 à Garmisch en Super-G, battu de seulement 7 centièmes par Hermann Maier !

En décembre 2009, Pierre-Emmanuel a heurté une porte de plein fouet lors d'un entraînement à Beaver Creek. Il s'est blessé gravement à de multiples endroits et les séquelles de ses nombreuses blessures survenues tout au long de sa carrière, ne lui ont plus permis de pratiquer le ski en compétition.

Il a profité d'une longue période de rééducation de plus de 8 mois pour préparer son projet d'avenir, car « *la vie est longue après le ski. Il m'a fallu sortir de ce cocon où on est très entouré pour trouver d'autres qualités pour rentrer dans la vraie vie* ». A 33 ans, il a décidé de mettre un terme à sa carrière sportive.

Qu'est devenu Pierre-Emmanuel Dalcin ? Il est aujourd'hui gérant avec son frère et son épouse de deux magasins de sport à Val Cenis, sa station natale qu'il n'a jamais quittée.

Pierre-Emmanuel s'est également lancé avec un promoteur local dans l'immobilier avec la construction du « Critérium ». Erigé en front de neige à Val Cenis, ce programme immobilier respecte parfaitement l'architecture locale de Haute-Maurienne avec ses pierres et ses lauzes.

Pierre-Emmanuel ne s'est pas pour autant coupé du circuit Coupe du monde : « *Etre consultant et commenter le ski alpin, c'est aussi ma passion* ». Depuis décembre 2010, il apporte en effet à Eurosport sa grande connaissance du circuit coupe du monde.

Avec ses commentaires toujours très affûtés, éclairants et souriants sur les performances des champions de ski !

20 janvier 2007 : Pierre-Emmanuel Dalcin va cueillir sa première et unique victoire en Coupe du monde au Critérium de la première neige, juste de l'autre côté de la montagne par rapport à Val Cenis, sa station de cœur.

Résumé du palmarès
de Pierre-Emmanuel Dalcin en ski alpin

Jeux olympiques

Participation à 2 Jeux olympiques d'hiver
Meilleure performance : 11e de la descente à Salt
Lake City

Championnats du monde

Participation à 5 championnats du monde
Meilleure performance : 9e du Super-G à St Anton

Coupe du Monde

145 départs en Coupe du Monde
2 podiums dont une victoire
2007 : vainqueur en descente à Val d'Isère
2004 : 2e du Super-G à Garmisch

2004 : 2e slalom à Chamonix
2006 : 3e du Super combiné à Reiteralm

1999 et 2001 : 4e du classement en slalom

« C'ÉTAIT UN CHOIX MÛREMENT RÉFLÉCHI.
POUR MOI, IL ÉTAIT TEMPS DE PASSER
À AUTRE CHOSE.
À 32 ANS,
J'AVAIS DÉJÀ FAIT UNE BELLE CARRIÈRE »

———————————

INGRID JACQUEMOD

Vivre l'inoubliable

Ingrid Jacquemod a grandi avec le Critérium de la première Neige. Dès son plus jeune âge à Val d'Isère, elle en sillonne les coulisses dans les traces de son père, chef de course sur la piste Oreiller Killy.

Adolescente, elle ne manque pas un seul entraînement du Club des Sports. Ingrid intègre ensuite l'équipe de France de ski alpin. Skieuse polyvalente, elle pratique toutes les disciplines avec une préférence pour la vitesse et sera sacrée championne de France dans toutes les disciplines à part en slalom.

C'est en descente qu'elle obtient ses meilleurs résultats. En janvier 2005, elle vit un moment inoubliable. Elle remporte la descente de Santa Caterina en Italie sur une piste très raide et qui n'offre pas le moindre moment de répit. « *Cela reste un souvenir sportif excellent, mon meilleur résultat en Coupe du monde* ».

Les années qui suivent resteront riches de très bons souvenirs. C'est dans cette période qu'Ingrid a ses meilleurs résultats sportifs et elle savoure ses dernières années de compétition qui sont très riches humainement.

En 2011, Ingrid décide de raccrocher ses skis de compétition après être montée six fois sur un podium de Coupe du Monde. Elle a 32 ans et ce choix est murement réfléchi. « *Cette transition a été très particulière. On passe d'un monde exceptionnel à quelque chose qui est différent et auquel il faut s'adapter* ».

Elle explore alors pas mal de pistes dans le monde professionnel, mais ne raccroche pas pour autant sa passion pour le Critérium. Ingrid s'investit en tant qu'élue au sein du Club des Sports de Val d'Isère, prenant notamment la présidence de la section ski.

Elle intègre également une des plus grandes enseignes de vêtements et de matériels sportwear, le Groupe Quicksilver, pour se construire une très belle expérience de manager et de commerciale. En mars 2019, Ingrid prend de nouvelles responsabilités : elle est nommée directrice du Club des sports de Val d'Isère.

Elle est désormais à la tête de l'organisation des événements sportifs de la station de haute tarentaise, avec en premier lieu le Critérium de la première neige. Elle est aujourd'hui la seule femme aux commandes d'une étape de Coupe du monde de ski alpin.

Elle a pu tourner cette page de sa vie de championne avec succès en se servant de son expérience d'athlète de haut niveau où elle a démontré son goût pour l'effort, pour la persévérance et fut reconnue pour ses qualités d'humilité bienveillante.

Ingrid compte tout mettre en oeuvre pour que les fans de ski vivent ce Critérium de la même manière qu'elle le vivait enfant : l'expérience du sport de haut niveau et une grande fête du ski que le public s'approprie.

Devant elle, il y a encore beaucoup à faire pour trouver le bon angle afin que le public se déplace chaque année en décembre de plus en plus nombreux, au pied de la Face de Bellevarde et de la Oreiller Killy à Val d'Isère.

Pour y vivre l'inoubliable !

7 janvier 2005 : sur la piste Deborah Compagnoni, Ingrid Jacquemod signe sa première victoire en Coupe du monde en remportant la descente de Santa Caterina.

Résumé du palmarès d'Ingrid Jacquemod en ski alpin

Jeux olympiques

Participation à 3 Jeux olympiques d'hiver
Meilleur résultat : 10e du Super-G à Salt Lake
City en 2010

Championnats du monde

Participation à 6 championnats du monde
Médaille de bronze de l'épreuve par équipes en
2005 à Bormio
Meilleur résultat : 5e en descente à Santa
Catarina en 2005

Coupe du Monde

299 départs en Coupe du monde
6 podiums dont 1 victoire
2003 : 2e descente Lillehammer
2005 : victoire en descente à Santa Catarina et 2e
descente Leizerheide
2007 : 10e au classement général de la Coupe du
monde
2009 : 3e Super-G de Lake Louise
2010 : 2e descente de St Moritz et 3e descente de
Haus im Ennstal

Championne du monde junior en 1998

« CE MOMENT EST PARTICULIER ET DIFFICILE.
C'EST UN PEU UN CHOC
DE PASSER DANS LA VIE NORMALE.
C'EST UN MOMENT À PRÉPARER »

GAUTHIER DE TESSIERES

Ambassadeur du ski

Il y a des coups de fil qui vous changent une vie. Celui que Gauthier de Tessières a reçu en février 2013 en fait partie.

Ce jour-là, il est premier remplaçant pour les championnats de Schladming. Son copain Yohan Clarey s'est blessé au dos et Gauthier est appelé pour le remplacer.

Il saisit sa chance et force le destin. Sur la mythique Planai, il va chercher les centièmes à l'orgueil et signe la performance de sa vie : vice Champion du monde de Super G juste derrière Ted Ligety et devant le grand favori Aksel Lund Svindal.

L'autre grand moment dans sa carrière se déroule à Val d'Isère en 2008. Gauthier est 30e et bon dernier qualifié du Géant en première manche.

Devant sa famille et ses amis, il va signer une remontada de rêve pour se hisser sur le podium à la 3e place.

Rien ne prédestinait pourtant Gauthier à une belle carrière dans le ski alpin. Originaire de Clermont-Ferrand, il a pratiqué tout jeune le tennis et le ski, pour ensuite s'orienter vers le ski dans deux disciplines : le Super-G et le Géant.

Révélé à 13 ans par sa victoire surprise au très prestigieux Coq d'Or, il a intégré très tardivement la filière club. Son touché de neige, son engagement et la fluidité de son ski lui permettent de gravir les marches vers l'équipe de France.

Sa carrière sportive a été marquée par des blessures qui ont freiné sa progression et l'ont empêché d'atteindre les sommets. Ainsi, après quinze années jalonnées par des hauts et des bas, Gauthier décide de raccrocher ses skis au début de l'année 2014 pour « *passer dans la vie normale* ».

Il a alors envie de promouvoir le ski et active de nouvelles pistes pour écrire la 2e page de sa vie.

Lorsque j'ai rencontré Gauthier à Annecy où il réside désormais, j'ai pu mesurer sa hauteur de vue sur le monde du ski. Très pédagogue, captivant, il connaît parfaitement toutes les spécificités du cirque blanc et adore parler de ce sport qu'il aime tant.

Qu'est-il devenu aujourd'hui ? Bon nombre d'entre vous qui aimez le cirque blanc le savent. Gauthier est consultant pour Eurosport et après une expérience de commentateur et en zone mixte, il anime désormais durant la période hivernale avec Elisa Lukawski l'émission à succès Chalet Club.

Gauthier organise aussi des journées ski prestige pendant lesquelles il accompagne des entreprises sur la neige sous la forme de séminaires.

Il a également repris des études supérieures à Grenoble Ecole de Management pour obtenir un Master 2 de management. De quoi lui permettre d'écrire dans les meilleures conditions après sa carrière de champion une nouvelle page de sa vie.

Enfin, Gauthier est très attaché à l'environnement, car il a pu tout au long de sa carrière constater les méfaits du réchauffement climatique sur nos montagnes.

Son engagement auprès de l'association *Du flocon à la vague*, qui défend la préservation des ressources en eau, en est une très belle illustration.

Gauthier travaille désormais en tant que responsable de la communication chez Greenweez.com le leader européen de la vente en ligne de produits bio.

6 février 2013 : appelé de dernière minute, Gauthier de Tessières signe un run parfait sur la Planai à Schaldming et devient vice-champion du monde de Super-G.

Résumé du palmarès de Gauthier de Tessières en ski alpin

Jeux olympiques

Participation à 2 Jeux olympiques d'hiver : Turin (2006) et Vancouver (2010)

Championnats du monde

Participation à 5 championnats du monde
2013 – Schladming : Vice Champion du monde en Super-G
2011 - Garmisch : champion du monde par équipe

Médaille de bronze aux championnats du monde Junior en 2001

Coupe du Monde

123 départs en Coupe du Monde
1 podium en 2008 : 3e du Géant à Val d'Isère
11e mondial en Géant en 2011

« CE N'ÉTAIT PAS ÉVIDENT DE FINIR MA CARRIÈRE.
JE ME TROUVAIS DANS UN PETIT COCON
ET J'AI EU L'IMPRESSION
D'ARRIVER DANS LA JUNGLE ! »

GUILBAUT COLAS

L'homme qui murmure à votre dos

La scène se déroule en 2014 aux Jeux olympiques de Sotchi. Guilbaut Colas, champion du monde 2011 de ski de bosses, est venu plein d'espoir en terre russe pour conquérir l'or olympique.

Mais, comble de malchance à l'entraînement la veille de la course, Guilbaut se blesse au genou gauche : rupture des ligaments croisés !

Énorme frustration pour le Grenoblois qui voit son rêve olympique s'envoler. Perrine Laffont lui dit en pleurs : « Guilbaut, c'est pas juste, je vais te venger dans quatre ans ». Ce qu'elle fera avec brio en devenant championne olympique à Pyeongchang.

Pour Guilbaut, c'est la fin de sa carrière qui s'annonce, étape clé qu'il avait de toute façon programmée au lendemain de ces Jeux olympiques de Sotchi inachevés.

Il conserve de ces 15 années passées dans ce sport explosif et acrobatique plusieurs temps forts : son premier podium en Coupe du monde en 2006 en Corée, puis, bien sûr, le titre de champion du monde et le globe de la spécialité en 2011.

Dès son retour de Sotchi et malgré son immense déception, Guilbaut veut se donner toutes les chances pour développer sa reconversion dans les meilleures conditions.

Il suit très rapidement un programme de rééducation à Hauteville pour être prêt pour le concours Lépine pour présenter le projet ActiveBase qu'il avait développé avec son ami Olivier Hugou un an plus tôt.

Passionné de bio mécanique, Olivier lui rendait souvent visite au centre de rééducation de Boulouris et avait pu observer avec beaucoup d'attention ses séances de rééducation.

De ces rencontres amicales naît une idée : celle de créer un siège permettant un travail fonctionnel des membres inférieurs et supérieurs en position assise.

L'aventure du siège ActiveBase vient de démarrer. Très vite, un prototype est testé en conditions réelles par Guilbaut qui est conquis dès le premier essai.

Après le dépôt de plusieurs brevets, ActiveBase est présenté au Concours Lépine, dont il sera lauréat en 2014 !

Ce siège proprioceptif réglable permet de rester actif, de retrouver de la mobilité, de muscler les abdos et le dos en douceur tout en étant bien assis pour retrouver une posture assise idéale : *« L'objectif, c'est de remobiliser son corps tout en étant productif au travail ou dans toutes ses activités ».*

Facile d'utilisation et très facilement transportable, ActiveBase s'adapte à différents modes de vie et environnements de travail.

Depuis son lancement commercial, les retours des clients ont été très positifs. Et depuis sa base située sur les hauteurs de Grenoble, Guilbaut a été très actif avec la vente de près de 7000 ActiveBase (www.activebase.store).

C'est donc un très bel exemple de reconversion pour le champion entrepreneur qui a choisi désormais de murmurer à votre dos !

3 février 2011 : les bras de Guilbaut Colas dessinent le V de la victoire ! Pour la première fois de sa carrière, il devient champion du monde de ski de bosses à Deer Valley dans l'Utah.

Résumé du palmarès de Guilbaut Colas en ski de bosses

Jeux olympiques

Participation à 2 Jeux olympiques d'hiver
Meilleure performance : 6e à Vancouver en 2010

Championnats du monde

Participation à 6 championnats du monde
2007 : Vice champion du monde à Madonna di Campiglio
2011 : Champion du monde à Deer Valley

Coupe du Monde

105 départs en Coupe du Monde
28 podiums dont 13 victoires
Globe de cristal ski de bosses et globe du classement général freestyle en 2011

« *LE SPORT DE HAUT NIVEAU DEMANDE BEAUCOUP
DE SACRIFICES. JE NE ME SUIS PAS QUALIFIÉE POUR
LES JO DE PYEONGCHANG. J'AI SU QUE C'ÉTAIT
L'HEURE DE COMMENCER AUTRE CHOSE* »

———————————

COLINE MATTEL

Le scénario de sa vie

Pour la première fois, le saut à ski s'est ouvert aux femmes aux Jeux olympiques de Sotchi. C'était le 11 février 2014, Coline Mattel a tout fait pour être là, elle qui a découvert ce sport à 7 ans aux Contamines Montjoie.

Elle est sereine avant son premier saut. Elle se sent surpuissante : *« Maintenant, il faut tout lâcher »*. Son saut est excellent, l'un des meilleurs de sa saison.

Coline se classe 2e. Elle prend conscience de l'exploit qu'elle vient de réaliser et un sentiment de réussite l'anime avant son deuxième et ultime saut.

Elle s'élance avant dernière, le stress l'accompagne mais c'est « *celui qui booste, qui vous galvanise* ». Elle est sur la barre et se jette dans l'élan.

Au moment de l'impulsion, à l'instant où elle doit s'envoler, elle commet une petite faute ! Alors, en l'air, elle tire son saut au maximum et à l'atterrissage, elle étire son télémark pour grappiller ce qui pouvait encore l'être.

Les secondes suivantes furent sans doute les plus longues de sa vie. Celles de l'attente de son classement. Puis l'explosion de joie.

C'est un podium pour Coline Mattel, une médaille olympique, le bronze. Il y a bien sûr cette faute qui l'a privée du titre : « *Je n'ai pas de regret, j'ai pris tout le bonheur qu'il y avait* ».

Cinq ans ont passé lorsque je rencontre Coline Mattel à Paris, au pied du tremplin de Montmartre.

Elle est la plus jeune retraitée de ce livre et se prépare à écrire le second chapitre du scénario de sa vie.

Coline est rentrée au cours Florent à Paris en 2018 pour suivre des études dans le domaine du théâtre, où elle s'éclate véritablement : « *Je m'intéresse à la mise en scène, j'ai envie d'écrire des pièces de théâtre et d'en réaliser, de jouer dans des films* ».

Coline se prépare donc à vivre une nouvelle vie dans le théâtre, et elle est particulièrement à l'aise lorsqu'elle récite des alexandrins et joue un rôle à la perfection - *« J'ai toujours eu envie d'en faire mon métier et quand j'ai terminé ma carrière, c'était le moment de passer à la pratique »*.

Un nouveau métier où elle devrait éprouver certainement les mêmes sensations que dans sa vie de sportive de haut niveau.

Avant de monter sur scène, sure qu'elle ressentira le trac. Et quand on monte sur scène, on ne peut pas reculer !

Comme à 7 ans au ski club des Contamines Montjoie où elle a découvert le saut à ski, ce sport où *« on se jette dans une piste d'élan sans pouvoir s'arrêter, et ensuite on vole »*.

Souhaitons-lui de réaliser ce nouveau rêve et d'écrire le plus beau scénario pour s'envoler également vers sa nouvelle vie !

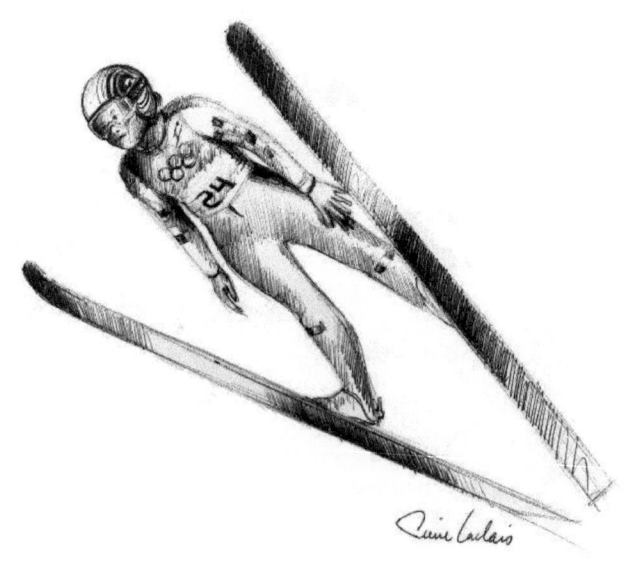

11 février 2014 : Coline Mattel devient à Sotchi la première française à avoir décroché une médaille en saut à ski, discipline qui était jusqu'à cette date réservée aux hommes.

Résumé du palmarès de Coline Mattel en saut à ski

Jeux olympiques

Participation à une olympiade
2014 – Pyeongchang : Bronze

Championnats du monde

Participation à 4 championnats du monde

2011 – Bronze à Oslo

2011 - Championne du monde junior

Coupe du monde

82 départs en Coupe du Monde

9 podiums dont 2 victoires
2011 : 2e à Lillehammer
2012 : 1ère à Sotchi, 2e à Ramsau
2013 : 1ère à Sapporo, 2e à Ljubno, 3e à
Hinterzarten, Schonach et Ljubno
3e du classement général saut à ski
2014 : 2e à Sapporo

« J'AVAIS BESOIN DE VOIR AUTRE CHOSE.
IL A FALLU QUE JE RÉINVENTE
LA SECONDE PARTIE DE MA VIE »

———————————————

MARIE-LAURE BRUNET

Bien-être et performance

Une de ses photos que j'ai découverte sur internet résume à merveille ma rencontre avec Marie-Laure Brunet.

À gauche, le visage souriant de la championne comme lorsqu'elle montait sur les podiums de biathlon.

À droite, la business woman, souriante également, comme transformée avec tout ce qu'elle a appris durant dix années, dans sa carrière de sportive de haut niveau et dans sa construction personnelle.

À gauche comme à droite, c'est Marie-Laure Brunet, la Pyrénéenne de Bagnères-de-Luchon.

C'est en 2002 que Marie-Laure Brunet découvre le biathlon pendant les Jeux olympiques de Salt Lake City. « *C'est cela que je veux faire* », pense-t-elle immédiatement en regardant sur le petit écran Raphael Poirée décrocher une médaille olympique.

Une très belle histoire se met en place. Marie-Laure intègre l'équipe de France et va se révéler au grand public à l'occasion des Jeux olympiques de Vancouver. A son tour, elle remporte une, puis deux médailles olympiques, et par la suite de nombreuses – neuf exactement - médailles mondiales, dont le titre de championne du monde en relais mixte.

Et un jour de 2014, sa vie va passer de gauche à droite. Au cours du relais féminin des Jeux olympiques à Sotchi, Marie-Laure est victime d'un malaise. Ses copines sont dans l'incapacité d'aller chercher une médaille. Un terrible épisode très apprenant pour Marie-Laure.

Trois mois plus tard et après mure réflexion, elle décide de mettre un terme à sa carrière. Et pourtant, son objectif était d'aller jusqu'aux Jeux olympiques de Pyeongchang en 2018 ! « *J'en avais assez, j'avais besoin de voir autre chose* » : Marie-Laure prend alors du temps pour se reposer, pour retrouver de l'énergie.

Elle se fait accompagner pour analyser tous les rouages de sa carrière, tout ce qui a permis de la rendre performante, mais aussi tout ce qui l'a desservi.

Très inspirée par sa carrière d'athlète de haut niveau, Marie-Laure se forme ensuite pendant deux ans et demi à l'INSEP (Institut National du Sport, de l'Expertise et de la Performance) dans le domaine de l'accompagnement et du coaching mental.

Elle est aujourd'hui installée sur les hauteurs du lac d'Annecy. Son nouveau métier consiste à accompagner les individus et les équipes, en entreprise et dans le sport de haut niveau, à optimiser et activer les potentiels.

Son offre de services conjugue le bien-être et la performance, « *deux notions qui vont de pair* » comme elle aime à le rappeler. Marie-Laure propose à ses clients, conférences, sessions de Team Building, coaching et suivi personnalisé, organisation de séminaires, formation sur l'intelligence relationnelle...

Marie-Laure a également conservé un lien étroit avec le monde du ski. Elle est monitrice de ski de fond et de ski alpin, et enseigne au Grand-Bornand.

Elle est aujourd'hui très engagée dans sa seconde partie de vie et mène actuellement la course vers une reconversion réussie. Un peu comme aux Jeux Olympiques de Vancouver. Elle avait, ce jour-là, dans la poursuite signé un formidable 20/20 aux tirs pour aller toucher du doigt son rêve d'enfance.

Marie-Laure Brunet a fait très souvent briller les couleurs de la France sur les podiums de Biathlon. Comme par exemple le 23 février 2010 aux Jeux olympiques de Vancouver où elle décroche la médaille d'argent en relais par équipe.

Résumé du palmarès de Marie-Laure Brunet en Biathlon

Jeux olympiques

Participation à 2 Jeux olympiques d'hiver
2010 - Vancouver : Argent en relais par équipe et Bronze en poursuite individuelle

Championnats du monde

Participation à 5 championnats du monde
9 fois médaillée

2007 - Val Martello : double championne du monde jeune
2008 - Ostersund : Bronze par équipe
2008 - Ruhpolding : vice championne du monde junior
2009 – Pyeongchang : Or en relais mixte et Bronze par équipe
2012 – Ruhpolding : triple médaillée d'Argent

Coupe du Monde

10 podiums individuels
24 podiums en relais

Meilleur classement général : 7e en 2012

« JE NE TROUVAIS PLUS DE SENS DANS MES ACTIONS. J'AI ARRÊTÉ MA CARRIÈRE POUR CROIRE EN MES RÊVES ET TOUT FAIRE POUR LES RÉALISER »

PAUL-HENRI DE LE RUE

De l'émotion à la performance

C'est sur les hauteurs du lac d'Annecy, au-dessus du charmant village de Villaz, que je suis allé cueillir cette très belle histoire de reconversion.

Pyrénéen d'origine, Paul-Henri de Le Rue (Polo) est un champion de SnowboardCross *« C'est une discipline dans laquelle je me suis complétement retrouvé et dans laquelle j'avais un certain talent à développer »*.

Effectivement, à 20 ans, Polo devient le seul médaillé olympique français en snowboard aux Jeux Olympiques de Turin en 2006.

Et puis survient l'instant qui va véritablement marquer la carrière de Polo : nous sommes 34 jours avant son entrée en scène aux Jeux olympiques de Sotchi où il veut réaliser son rêve.

Il chute, tombe violemment sur la tête, et cet accident le plonge dans le coma. A force de courage, d'entraînement et d'une détermination hors normes, Polo signe une extraordinaire 4e place à l'épreuve de Snowboard.

Le travail effectué pour se rétablir et la satisfaction d'être parvenu à retrouver le haut niveau en si peu de temps restent d'ailleurs la plus grande victoire personnelle de la carrière du rider.

En avril 2015, à 31 ans, Polo ne trouve plus de sens dans ses actions. Il décide de mettre un terme à sa carrière sportive. Il a en effet davantage d'énergie à mettre dans sa reconversion professionnelle que dans sa carrière sportive, pour croire en ses rêves et tout faire pour les réaliser.

Polo mène aujourd'hui son après-Snowboard autour d'un très joli fil conducteur : « *Accompagner les personnes à passer de l'émotion à la performance* ». Qui se décline en 3 activités : conférencier, accompagnateur en snowboard et coach formateur.

Au travers de son parcours sportif et de tout le travail d'introspection qu'il a mené, il s'est lancé dans une carrière de conférencier en motivation, intelligence émotionelle et leadership. Il partage ainsi son expérience pour aider les autres à construire leurs rêves et mener la vie qu'ils méritent.

Dans le domaine du ski, Polo s'est associé avec l'agence de voyages Destination Poudreuse pour proposer des séjours d'héliski au Canada, près de Calgary. Le concept est simple : un lodge perdu dans les rocheuses Canadiennes, une dizaine de rotations par jour et, en fin d'après-midi au coin du feu, une formation en développement personnel pour faire réfléchir sur la gestion des émotions, les comportements et la communication associés.

Polo est également Coach-formateur en intelligence émotionnelle. Il propose à ses clients des outils de développement personnel pour les aider dans la définition et l'atteinte de leurs objectifs et leur permettre de gagner en leadership.

Celui qui a très souvent su faire de ses émotions un vrai levier de performance est également un jeune écrivain. Il a publié fin 2019 son premier livre intitulé *« Aller au bout de ses rêves, de l'émotion à la performance »*. C'est le récit d'une histoire hors norme, celle de l'aventure olympique, de ses joies, ses victoires mais aussi ses doutes, ses défaites, ses sacrifices et ses blessures.

Un ouvrage en deux parties pour vous aider à réaliser vos propres rêves !

16 février 2006 : Paul-Henri de le Rue devient à 20 ans le seul médaillé olympique français en SnowBoard avec le Bronze aux Jeux olympiques de Turin.

Résumé du palmarès de Paul-Henri De Le Rue en snowboardcross

Jeux olympiques

Participation à 3 Jeux Olympiques d'hiver
2006 – Turin : Bronze

Championnats du Monde

Participation à 5 championnats du monde
Meilleure performance : 5e à Arosa en 2007

Champion du monde junior en 2004

Coupe du Monde

82 départs en Coupe du monde
6 podiums
2005 – Lake Placid 2e, Tandadalen 3e et Whistler
3e
2008 – Stoneham 2e
2010 – Lech Am Arlberg 3e
2011 – Arosa 3e

« J'AI PRIS DU TEMPS POUR MÛRIR MA DÉCISION.
CAR ON NE SAIT JAMAIS
SI C'EST LE BON OU LE MAUVAIS MOMENT »

_____

ANEMONE MARMOTTAN

Un métier très persillé

Cette histoire de reconversion est l'une des plus belles que j'ai à raconter. Elle met en scène une championne de ski de haute Tarentaise en Savoie.

Anémone Marmottan a eu une belle carrière en ski alpin. Sa discipline préférée était le Géant. La skieuse de Val d'Isère a pris du plaisir à gravir progressivement les échelons de la hiérarchie mondiale. Elle a intégré d'abord le Top 15 en Coupe du monde, puis a figuré parmi les 7 meilleures géantistes au monde.

Parmi ses souvenirs marquants, on peut citer son titre de championne du monde par équipe en 2011 à Garmisch où l'équipe de France a réussi à battre les Autrichiens en finale *« C'était sympa car pour la première fois je montais sur la plus haute marche du podium et c'était partagé avec Tessa, Taïna et les garçons".*

Il y a eu bien sûr ce géant en mars 2014 dans la station suédoise d'Åre. Huitième de la première manche et bien renseignée par ses copines qui se sont élancées plus tôt, Anémone réussi à déjouer les pièges d'une piste très marquée et signe le seul et unique podium de sa carrière derrière l'autrichienne Anna Veith.

En 2016, Anémone raccroche ses skis de géant et arrête sa carrière à 28 ans, ce qui est assez précoce dans le milieu du ski alpin.

Une décision pas facile à prendre pour la skieuse de Val d'Isère, qui a mis du temps - 3 semaines à 1 mois – pour se décider *« N'étant plus à 110 %, je préfère mettre la flèche. Je ne peux pas me mentir à moi-même et encore moins à tous ceux qui croient en moi. J'arrête en étant heureuse de ce que j'ai fait »,* précise Anémone en avril 2016 sur les réseaux sociaux.

Pour sa reconversion, elle n'hésite pas longtemps avant de s'élancer vers une nouvelle piste pour tourner la page et surtout regarder vers la suite.

Elle revient à la ferme familiale nichée à quelques kilomètres de la station de Tignes. Un endroit qu'elle n'avait jamais vraiment quitté durant sa carrière de skieuse de haut niveau. Et d'ailleurs, chaque fois qu'elle le pouvait, elle n'hésitait pas à y revenir : « *Souvent quand je rentrais à la maison après les courses, je venais donner un coup de main à la ferme et j'aimais bien le faire* ».

Anémone a aujourd'hui repris le flambeau familial et s'occupe principalement de la fabrication de fromages à partir du lait provenant de deux troupeaux de chèvres et de vaches.

Ce lait est mélangé pour en conserver le caillé dans le petit lait qui est ensuite affiné, avant le moulage pour donner naissance au fameux Persillé de Tignes. Ce délicieux fromage savoyard à la texture crayeuse se présente sous la forme d'un cylindre (photo page 78).

Anémone vend aujourd'hui ce fromage à destination d'une bonne partie de la France voire au-delà. Elle est désormais la seule et unique productrice de ce Persillé de Tignes : « *Lorsque vous voyez du Persillé de Tignes, vous êtes certain qu'il vient de la ferme Marmottan* ».

Et quand vous saurez que Charlemagne en était fou, je suis sûr qu'à la première occasion d'un déjeuner ou dîner d'après ski en Tarentaise ou ailleurs, vous demanderez à gouter ce Persillé !

6 mars 2014 : Anémone Marmottan se faufile brillament entre les portes du Géant d'Åre en Suède et s'offre une magnifique 2e place et son premier podium en Coupe du monde.

Résumé du palmarès d'Anémone Marmottan en ski alpin

Jeux olympiques

Participation à 2 Jeux olympiques
Meilleure performance : 8e du Géant à Sotchi (2014)

Championnats du monde

Participation à 3 championnats du monde
2011 – Garmisch : Championne du monde en Team event

Coupe du Monde

90 départs en Coupe du monde
1 podium en 2014 : 2e du Géant à Åre

« AU MOMENT OÙ ON RACCROCHE SES SKIS,
IL Y A BEAUCOUP D'ÉMOTIONS.
C'EST UNE VIE QUI CHANGE »

———————————

JASON LAMY-CHAPPUIS

Bienvenue à bord

C'est assurément l'un des plus beaux palmarès du ski français. Qui aurait pu imaginer que le jeune Jason, attiré par le saut à ski, l'adrénaline de la vitesse et adepte des balades en ski de fond dans les forêts jurassiennes, deviendrait un jour champion olympique de combiné nordique à Vancouver !

Qui aurait pu prévoir sa moisson de médailles en championnats du monde, dix au total dont cinq en or, et ses trois magnifiques globes de cristal.

Et qui n'a pas versé une larme dans le village de Bois d'Amont en le découvrant en 2014 sur FranceTV porte Drapeau de la délégation française aux Jeux olympiques de Sotchi. « *C'était une fierté immense de porter le drapeau bleu blanc rouge et d'avoir la délégation derrière soi »*, se souvient Jason.

Jason Lamy-Chappuis est un immense champion. Lorsque je l'ai rencontré, il était sur le départ pour la Scandinavie. J'ai imaginé qu'il allait rejoindre ses copains de l'équipe de France du côté du tremplin d'Holmenkollen, sur les hauteurs d'Oslo.

Mais je me suis rappelé que « Jezz » avait mis un terme à sa carrière en mars 2018 ! « *C'est important de décider soi-même du moment où on s'arrête. Et de ne pas le subir à cause de blessures* ».

Dans les dernières années de sa carrière sportive, Jason éprouve de la lassitude envers le sport de haut niveau, les séances d'entraînement quotidiennes, les courbatures... Il se demande s'il aurait autant d'émotions dans sa future vie professionnelle que dans sa vie de champion.

Sa reconversion était en fait très bien préparée. Juste après les Jeux olympiques de Pyeongchang, Jason s'est inscrit au test de sélection pour rentrer chez Air France. Il l'a réussit et a suivi la formation pour devenir pilote sur des avions moyens courriers « *J'avais envie de ce métier depuis tout jeune lorsque je faisais des vols transatlantiques pour aller rejoindre ma famille aux Etats-Unis* ».

Dans son nouveau job passion, l'ancien champion voit de nombreuses similitudes avec le sport de haut niveau : « *C'est exigeant, il faut de la rigueur et on ne fait rien sans l'équipe. On a besoin de tout le monde, de se faire confiance pour arriver tous ensemble à notre but* ». Comme à l'occasion de ce qui restera l'un de ses plus forts souvenirs sportifs : le titre de champion du monde par équipe remporté avec ses copains de l'équipe de France de combiné nordique.

H moins 2h30 avant son décollage vers Oslo. Dans la salle de préparation des vols d'Air France, Jason m'explique tout ce qu'il va accomplir avant de décoller aux commandes de l'Airbus A319 d'Air France. Avec l'aide de sa tablette tactile, outil de travail que tous les pilotes ont dans la compagnie nationale, il va successivement s'entretenir avec le commandant de bord au sujet des particularités du vol, élaborer sa stratégie carburant et prendre en compte les informations liées à la météo sur le parcours, et rencontrer l'équipe commerciale, hotesses et stewards, pour que tout se déroule au mieux pendant son vol.

Et qui sait, Jason sera peut-être un jour aux commandes d'un vol Air France long courrier qui embarquera nos équipes de France de ski vers des Jeux olympiques ou des championnats du monde.

Vers la conquête de nouvelles médailles !

14 février 2010 : moment fort de sa carrière sportive, Jason Lamy-Chappuis devient champion olympique de combiné nordique à Vancouver.

Résumé du palmarès de Jason Lamy-Chappuis en combiné nordique

Jeux olympiques

Participation à 4 Jeux olympiques d'hiver

2010 - Vancouver : Or

Championnats du monde

Participation à 6 championnats du monde

10 médailles dont 5 en Or

2015 – Falun : Or en Sprint par équipe

2013 – Val di Fiemme : 3 fois en Or

2011 – Oslo : Or

Coupe du Monde

188 départs en Coupe du Monde

59 podiums dont 28 victoires

Pour la couverture de ce livre Après Ski, j'ai choisi un cliché réalisé par un photographe talentueux, Youri. Cette photo, c'est celle de Laurie Mougel, la skieuse de Serre Chevalier, prise à l'occasion de l'annonce de sa fin de carrière le 10 avril 2017.

Épilogue avec Laurie et Youri

Lorsque je suis arrivé au terme de la rédaction de cet Après Ski, je me suis posé cette question : quelle couverture pour mon premier livre ?

J'ai longtemps cherché et je me suis souvenu d'une très belle interview réalisée avec Laurie Mougel, la skieuse de Serre Chevalier, alors qu'elle venait de mettre un terme à sa carrière de sportive de haut niveau.

Pour l'illustrer, j'avais utilisé un très beau cliché réalisé par un photographe talentueux prénommé Youri.

Sur cette photo, que vous pouvez admirer à gauche de cette page, il y a d'abord le sourire de Laurie, teinté d'émotion, qui illustre sa fierté d'avoir réussi à retrouver son meilleur niveau sur les skis après une blessure contractée en fin de carrière.

Ensuite, il y a dans cette image du bleu, du blanc, du rouge, pour nous rappeler à juste titre que Laurie a porté à de très nombreuses reprises les couleurs de l'équipe de France de ski alpin, en Coupe du monde et en Coupe d'Europe.

Et enfin, il y a son geste de la main pour nous dire au revoir et aussi, j'en suis certain, adresser des remerciements à toutes celles et ceux qui ont cru en elle.

Cette très belle photo m'a donné envie d'en savoir plus sur Youri. Originaire des Alpes, il a grandi dans les montagnes et a été, lui aussi, un skieur de haut niveau. Youri a fait ses études aux États-Unis et obtenu un diplôme des Beaux-Arts à l'Université du nouveau Mexique.

Dans le même temps, il a signé sur ses skis quelques belles performances, avec notamment en slalom un Top 5 prometteur dans une compétition universitaire.

Pour autant, Youri n'a pas été épargné par les blessures puisqu'à cinq reprises il a été blessé au genou. De quoi le pousser comme beaucoup d'autres à mettre un terme à sa carrière à la fin de la saison 2017.

Sa reconversion s'est ensuite engagée assez rapidement aux États-Unis où Youri a travaillé dans un groupe agroalimentaire californien. Il a ainsi fait ses premières armes dans le métier de Community manager, puis est devenu coordinateur marketing. Au cours de ces dernières années sont venus s'ajouter des expériences en stratégies marketing et réseaux sociaux, et des qualifications dans le domaine du e-commerce et du webdesign.

Ses compétences artistiques s'illustrent particulièrement dans la photo professionnelle où son portfolio (www.yourimougel.com) dévoile de très belles réalisations en photos culinaires, photos de produits et de Lifestyle.

Cet Après Ski ne pouvait donc pas mieux trouver pour sa couverture : une photo réalisée par un ancien skieur de haut niveau dont la reconversion s'effectue dans le domaine de la photographie professionnelle !

Et l'histoire serait incomplète si je ne vous disais pas que Youri est le frère de Laurie !

Comme à tous les autres athlètes que j'ai eu le plaisir de rencontrer, je vous souhaite beaucoup de réussite dans vos activités actuelles et futures.

Remerciements

À Sébastien Amiez, Pierrick Bourgeat, Marie-Laure Brunet, Guilbaut Colas, Pierre-Emmanuel Dalcin, Antoine Dénériaz, Edgar Grospiron, Jason Lamy-Chappuis, Florine de Leymarie, Ingrid Jacquemod, Anémone Marmottan, Florence Masnada, Coline Mattel, Corinne Niogret, Pierre Paquin, Perrine Pelen Mikaël Prüfer, Gauthier de Tessières, Paul-Henri de le Rue Christophe Saioni et Michel Vion pour avoir accepté de partager leurs très belles histoires de reconversion.

À Alexandre Pasteur pour son analyse très juste sur la vie du skieur de haut niveau qui ouvre avec brio mon livre Après Ski.

À Laurie et Youri Mougel pour cette belle histoire que j'ai pu écrire sur la Une de ce livre.

À la Fédération Française de ski, et à Laurent Chrétien en particulier, pour sa disponibilité et la qualité des informations fournies sur l'actualité du ski alpin français.

À Pierre Laclais pour ses illustrations au crayon, si réussies et tellement représentatives de ces instants magiques du ski alpin français.

À Cécile mon épouse pour son soutien passionné et sa relecture attentive de cet Après Ski littéraire.

À mes filles Audrey et Sisley, véritables Geek du ski, sans qui TopSkiNews ne serait pas ce qu'il est devenu !

À Nathalie Vidalenc pour sa belle idée un jour de brainstorming déjeunatoire dans mon monde d'avant, et pour sa valeur ajoutée éditoriale.

Et à tout ce temps libre en mars, avril et mai 2020 qui m'a permis d'écrire mon premier livre !

Michel Roche, fondateur de TopSkiNews et auteur de ce livre Après Ski qui retrace vingt et une belles histoires de reconversion de championnes et champions du ski français.

www.topskinews.com

A propos de l'auteur

Michel Roche est né à Moutiers en Savoie au pied des Trois Vallées, le plus grand domaine skiable au monde.

Passionné de ski alpin depuis son plus jeune âge, il a fait toute sa carrière professionnelle dans le métier de la communication au sein du groupe Thales où il a piloté bon nombre de projets innovants et complexes.

Il a ensuite créé et développé TopSkiNews, une plateforme digitale (web, Twitter, LinkedIn, YouTube) spécialisée sur l'actualité de la Coupe du monde de ski alpin.

S'appuyant sur un contenu attractif, ses supports digitaux n'ont cessé de compter de nouveaux fans, informés à grande vitesse sur l'actualité du ski alpin mondial.

Les chiffres d'audience et les taux d'engagement ont ainsi propulsé TopSkiNews dans le haut du tableau des influenceurs du ski alpin.

Starting List

Crédits photographiques

Couverture et page 140 : ©Youri Mougel
Page 14 : ©Fédération Française de Ski
Page 20 : ©Fabrice Rumillat
Page 26 : ©Edgar Grospiron
Page 38 : ©Florence Masnada
Page 50 : ©Corinne Niogret
Page 62 : ©Skis Antoine Dénériaz
Page 80 : ©Pierrick Bourgeat
Page 92 : ©Radio TV Val d'Isère
Page 104 : ©Gilbaut Colas
Page 116 : ©Marie-Laure Brunet
Page 122 : ©Paul-Henri de la Rue
Page 134 : ©Cédric Landais – Air France
Pages 18, 24, 30, 36, 42, 48, 54, 60, 66, 72, 78,
84, 90, 96, 102, 108, 114, 120, 126, 132, 138 :
illustrations ©Pierre Laclais
Pages 32, 44, 56, 68, 74, 86, 98, 110, 128, 148 :
©TopSkiNews